AF247331

BIBLIOTHEQUE

DES

ENFANTS PIEUX

Approuvée par Mgr l'Évêque de Nevers

SAINT FRANÇOIS XAVIER

VIE

DE

SAINT FRANÇOIS XAVIER

de la Compagnie de Jesus

APÔTRE DES INDES ET DU JAPON

L'AN 1552

PAR D. S.

TOURS

A. MAME ET C⁰, IMPRIMEURS-LIBRAIRES

—

1852

VIE

DE

SAINT FRANÇOIS XAVIER

Avant de parler de saint François Xavier, nous passerons rapidement en revue les siècles qui ont précédé, nous contentant pour cela de citer les éloquentes paroles de l'archevêque de Cambrai : « Jésus-Christ naît, et la face du monde se renouvelle. La loi de Moïse, ses miracles, ceux des prophètes, n'avaient pu servir de digue contre le torrent de l'idolâtrie et conserver le culte du vrai Dieu que chez un seul peuple resserré dans un coin du monde ; mais celui qui vient d'en haut est au-dessus de tout, à Jésus est réservé de posséder toutes les nations en héritage. Depuis qu'il a été élevé sur la croix, il a attiré tout à lui. Dès l'origine du christianisme, saint Irénée et Tertullien ont montré que l'Église était déjà plus étendue que cet empire même qui se vantait d'être lui seul tout l'univers. Les régions sauvages et inaccessibles du Nord, que le soleil éclaire à peine, ont vu la lumière céleste. Les plages brûlantes d'Afrique ont été inondées des torrents de la grâce. Les empereurs mêmes sont devenus les adorateurs du nom qu'ils blasphémaient, et les nourriciers de l'Église dont ils versaient le sang. Mais la vertu de l'Évangile ne doit pas s'éteindre après ces premiers efforts ; le temps ne peut rien contre elle : Jésus-Christ, qui en est la source, est de tous les temps ; il était hier, il est aujourd'hui, et il sera aux siècles des siècles. Aussi vois-je cette fécondité qui se renouvelle toujours ; la vertu de la croix ne cesse d'attirer tout à elle.

« Regardez ces peuples barbares qui firent tomber l'empire romain. Dieu les a multipliés, et tenus en réserve sous un ciel glacé pour punir Rome païenne et enivrée du sang des martyrs; il leur lâche la bride, et le monde en est inondé. Mais, en renversant cet empire, ils se soumettent à celui du Sauveur; tout ensemble ministres de vengeance et objets de miséricorde, sans le savoir ils sont menés comme par la main au-devant de l'Évangile, et c'est d'eux qu'on peut dire à la lettre qu'ils ont trouvé le Dieu qu'ils ne cherchaient pas. Combien voyons-nous encore de peuples que l'Église a enfantés à Jésus-Christ depuis le VIIIe siècle, dans ces temps même les plus malheureux, où ses enfants, révoltés contre elle, n'ont point de honte de lui reprocher qu'elle a été stérile et répudiée par son Époux! Vers le Xe siècle, dans ce siècle dont on exagère trop les malheurs, accourent en foule à l'Église, les uns sur les autres, l'Allemand, de loup ravissant devenu agneau, le Polonais, le Poméranien, le Bohémien, le Hongrois conduit aux pieds des apôtres par son premier roi saint Étienne. Non, non, vous le voyez, la source des bénédictions célestes ne tarit

point. Alors l'Époux donna de nouveaux enfants à l'Épouse, pour justifier et pour mon-
trer qu'elle ne cesse jamais d'être son unique
et sa bien-aimée.

« Mais que vois-je depuis deux siècles ?
des régions immenses qui s'ouvrent tout à
coup, un nouveau monde inconnu à l'ancien,
et plus grand que lui. Gardez-vous bien de
croire qu'une si prodigieuse découverte ne
soit due qu'à l'audace des hommes. Dieu ne
donne aux passions humaines, lors même
qu'elles semblent décider de tout, que ce
qu'il faut pour être les instruments de ses
desseins : ainsi l'homme s'agite, mais Dieu
le mène. La foi plantée dans l'Amérique,
parmi tant d'orages, ne cesse d'y porter des
fruits.

« Que reste-t-il ? peuples des extrémités
de l'Orient, votre heure est venue. Alexan-
dre, ce conquérant rapide que Daniel dépeint
comme ne touchant pas la terre de ses pieds,
lui qui fut si jaloux de subjuguer le monde
entier, s'arrêta bien loin au deçà de vous ;
mais la charité va plus loin que l'orgueil. Ni
les sables brûlants, ni les déserts, ni les

montagnes, ni les distances des lieux, ni les tempêtes ni les écueils de tant de mers, ni l'intempérie de l'air, ni le milieu fatal de la ligne, où l'on découvre un ciel nouveau, ni les flottes ennemies, ni les côtes barbares, ne peuvent arrêter ceux que Dieu envoie. Qui sont ceux qui volent comme les nuées? vents, portez-les sur vos ailes. Que le Midi, que l'Orient, que les îles inconnues les attendent et les regardent en silence venir de loin ! Qu'ils sont beaux les pieds de ces hommes qu'on voit venir du haut des montagnes apporter la paix, annoncer les biens éternels, prêcher le salut, et dire: O Sion, ton Dieu règnera sur toi! Les voici ces nouveaux conquérants qui viennent sans armes, excepté la croix du Sauveur. Ils viennent, non pour enlever les richesses et répandre le sang des vaincus, mais pour offrir leur propre sang et communiquer le trésor céleste.

« Peuples qui les vîtes venir, quelle fut d'abord votre surprise et qui peut la représenter? des hommes qui viennent à vous sans être attirés par aucun motif ni de commerce, ni d'ambition , ni de curiosité ; des hommes qui, sans vous avoir jamais vus, sans savoir même où vous êtes, vous aiment tendrement, quittent tout pour vous, et vous cherchent au travers de toutes les mers avec tant de fatigues et de périls, pour vous faire part de la vie éternelle qu'ils ont découverte? Nations ensevelies dans l'ombre de la mort. quelle lumière sur vos têtes ! à qui doit-on cette gloire et cette bénédiction de nos jours? A la Compagnie de Jésus, qui, dès sa naissance, ouvrit, par le secours des Portugais, un nouveau chemin à l'Évangile dans les Indes. N'est-ce pas elle qui a allumé les premières étincelles du feu de l'apostolat dans le sein de ces hommes livrés à la grâce ? Il ne sera jamais effacé de la mémoire des justes le nom de cet enfant d'Ignace qui, de la même main dont il avait rejeté l'emploi de la confiance la plus éclatante, forma une petite société de prêtres, germes bénis de cette communauté (1). » Cet enfant d'Ignace

(1) Sermon pour la fête de l'Épiphanie, prêché par Fénelon dans l'église des Missions Étrangères, le 6 janvier 1685.

dont parle Fénelon, cet homme extraordinaire dont la vie apostolique rappelle les merveilles des premiers siècles du christianisme, est saint François Xavier.

François naquit au château de Xavier en Navarre le 7 avril 1506, et, suivant des témoignages authentiques, il tirait son origine du sang des rois. La Providence, qui l'avait choisi pour la conversion d'une infinité de peuples, lui donna toutes les qualités naturelles que demande l'emploi d'un apôtre. Il avait le corps robuste, la complexion vive et ardente, un génie sublime et capable des plus grands desseins, un cœur intrépide, beaucoup d'agrément en son extérieur, surtout l'humeur gaie, complaisante et propre à se faire aimer ; avec cela, néanmoins, une extrême horreur de tout ce qui peut blesser la pureté, et une forte inclination pour l'étude. A dix-huit ans, il fut envoyé à l'Université de Paris, la plus célèbre de l'Europe, où il entra en philosophie. Il s'y distingua tout d'abord par le travail le plus opiniâtre et les progrès les plus éclatants. Enivré des louanges qu'on lui prodiguait, il songeait à se faire un nom et à jouer dans le monde un rôle illustre, lorsque Dieu, qui ne le destinait pas à des grandeurs périssables et qui avait sur lui des desseins bien différents, vint rompre le cours de ses pensées ambitieuses au moment où il s'y attendait le moins. A Paris vivait alors un jeune homme qui avait renoncé au monde et formé le plan d'une compagnie savante toute dévouée au salut des âmes ; il se nommait Ignace. Ignace et François se virent, se connurent. Celui-ci fut loin d'apprécier aussitôt le mérite d'Ignace. A ses maximes, à sa conduite, à l'attachement qu'il montrait pour la pauvreté, il ne le regardait que comme une âme basse, le traitait avec mépris, et s'efforçait en toutes manières de le rendre ridicule. Ignace ne se découragea pas, il savait que c'est par la prudence du serpent et la douceur de la colombe que l'on triomphe des cœurs. Il se contentait de répéter chaque jour à Xavier ces paroles de notre Seigneur : « Que sert à un homme de gagner tout l'univers et de perdre son âme ? » A la fin Xavier entendit ce langage, et le jour de l'Assomption 1534, il faisait, avec Ignace et cinq autres compagnons, le vœu d'abandonner ses biens, de se rendre à Jérusalem, ou, si ce voyage était impossible, d'aller se jeter aux pieds du souverain Pontife, pour servir l'Église en quelque lieu du monde qu'il lui plût de l'envoyer.

Vers la fin de l'année suivante, Xavier partit de Paris avec Le Fèvre, Laynez, Salmeron, Rodriguez, Bobadilla, et trois autres théologiens, pendant qu'Ignace, qui avait dû prendre les devants pour des raisons particulières, les attendait à Venise. De là, on se rendit à Rome, où l'on devait rester jusqu'à ce que le vaisseau des pèlerins partît pour la Terre-Sainte, selon la coutume. Mais la guerre qui s'alluma entre les Turcs et les Vénitiens ayant fermé le chemin de la Palestine, il fut impossible de partir. Xavier se consola de ce contre-temps en s'occupant de toutes sortes de bonnes œuvres ; pour les accomplir plus dignement, il se prépara à recevoir la prêtrise ; et quand il fut revêtu du caractère sacré de ministre de Jésus-Christ, redoublant de dévouement et de zèle, il ne cessa de prêcher, de distribuer des aumônes, de visiter

**

les malades, de soulager par tous les moyens les corps et les âmes.

Cependant Jean III, roi de Portugal, désirant des missionnaires pour porter la foi dans les Indes, en avait fait demander au souverain Pontife par son ambassadeur. Le pape renvoya l'affaire à Ignace, qui nomma Simon Rodriguez, Portugais, et Nicolas Bobadilla, Espagnol. Mais ce dernier étant tombé malade, ce fut François Xavier qui fut choisi pour le remplacer. « Xavier, lui dit Ignace, j'avais nommé Bobadilla pour les Indes; mais le Ciel vous nomme aujourd'hui, et je vous l'annonce de la part du vicaire de Jésus-Christ. Allez, mon frère, où la voix de Dieu vous appelle, où le saint-siége vous envoie, et embrasez tout du feu qui vous brûle. » Les deux missionnaires firent voile pour Lisbonne. Après dix-huit mois, pendant lesquels ils ne cessèrent de gagner des âmes à Dieu, il fut décidé que Rodriguez resterait en Portugal, et que Xavier partirait pour les Indes avec un Portugais et un Italien qui s'étaient joints à lui. Lorsqu'on fut sur le point de mettre à la voile : « Mon frère, dit

Xavier en s'adressant à Rodriguez, voici les dernières paroles que je vous dirai jamais. Nous ne nous verrons plus en ce monde, souffrons patiemment notre séparation; car il est certain qu'étant bien unis à Dieu, nous serons unis ensemble, et que rien ne pourra nous séparer de la société que nous avons en Jésus-Christ. » C'était le 7 avril 1541.

Pendant la traversée, Xavier ne demeura pas oisif. Il y avait sur le vaisseau qu'il montait environ mille personnes de toutes sortes de conditions. Il se fit tout à tous pour les gagner tous à Jésus-Christ, entretenant les uns et les autres de ce qui leur convenait davantage; parlant de marine avec les matelots, de commerce avec les marchands, et d'affaires d'État avec la noblesse. Sa complaisance et sa gaieté naturelle le faisaient aimer de tout le monde. Il instruisait tous les jours les matelots des principes de la foi, et il prêchait toutes les fêtes au pied du grand mât. En peu de temps il opéra une révolution complète dans l'esprit des marins et des passagers. Il n'y eut plus de querelles et de différends parmi eux, et l'on n'entendait plus rien qui blessât l'honneur de Dieu, la charité du prochain, ni même la pureté et la bienséance.

Au bout de cinq mois on arriva au Mozambique. Les chaleurs excessives avaient fait naître sur tous les navires une fièvre pestilentielle. Xavier, qui n'avait cessé, à bord, de donner ses soins aux malades dont il était environné, entreprit, une fois à terre, de secourir également ceux de tous les navires. Il s'établit à l'hôpital où on les avait déposés, sans vouloir jamais obéir aux invitations qu'on lui faisait de se retirer de cet air empesté; il allait de salle en salle et de lit en lit, faisant prendre ici des médecines, administrant ailleurs les derniers sacrements, restant levé pour que les malades pussent se coucher, oubliant qu'il était lui-même dangereusement malade comme le médecin l'affirmait, ou bien venant prendre place près du moribond sur le lit de douleur, et l'exhortant toute la nuit à détester ses péchés et à espérer en la miséricorde divine. A peine remis de ses fatigues et délivré de la fièvre, il reprend la mer et court à Melinde, sur la côte d'Afrique. Il n'y resta que le temps de s'entretenir avec quelques musulmans; plusieurs semblaient disposés à abandonner les erreurs de Mahomet; néanmoins Xavier fit de vains efforts pour ouvrir leurs yeux à la vraie lumière; l'heure marquée de Dieu pour leur conversion n'était pas venue.

Le saint missionnaire, continuant de côtoyer l'Afrique, alla mouiller à Socotora, île stérile et brûlée par le soleil. Là il trouva pour religion un assemblage monstrueux de mahométisme, de judaïsme et de christianisme. Il prêcha, il convertit, il baptisa. S'il n'eût écouté que l'amour de ces pauvres insulaires, et l'attachement qu'il sentait de son côté pour eux, il fût demeuré à Socotora. Mais il se devait aux Indes, où le Ciel l'appelait; et c'eût été manquer à sa vocation que de s'arrêter ainsi au commencement de la carrière.

Le 6 mai 1542, il abordait à Goa. C'était la capitale des Indes, le siége de l'évêque et du vice-roi, et le lieu de tout l'Orient le plus considérable pour le commerce. Alors se vérifia la célèbre prophétie de l'apôtre saint

Thomas, que la foi qu'il avait plantée en divers royaumes de l'Orient y refleurirait un jour ; prédiction que le saint apôtre laissa gravée sur une colonne de pierre vive pour la mémoire des siècles à venir ; car, bien que les conquérants des Indes orientales y eussent fait renaître en quelques endroits le christianisme, l'ambition et l'avarice n'avaient pas tardé à refroidir leur zèle. A Goa, le déréglement des mœurs, la vénalité de la justice, l'usure la plus odieuse, tous les crimes enfin régnaient publiquement ; en vain le pieux évêque s'efforçait de détourner les âmes de la voie de l'iniquité, on était sourd à ses saintes réprimandes, on se moquait des menaces que sa bouche faisait entendre au nom du Ciel. La plupart des chrétiens ne l'étaient plus que de nom, et déjà même les superstitions et l'idolâtrie commençaient à renaître. Affligé d'un tel spectacle, mais plein de confiance en Dieu, Xavier entreprit de régénérer cette malheureuse contrée. Pour obtenir les bénédictions du Ciel, il passait une partie de la nuit en prières et ne dormait que trois ou quatre heures ;

le jour, il visitait les malades et les prison-
niers, se faisait mendiant pour nourrir les
indigents, catéchisait les pauvres et les es-
claves, annonçait à tous la parole de Dieu.
Bientôt les pécheurs les plus scandaleux,
touchés de l'horreur de leurs crimes et de la
crainte d'une éternité malheureuse, vinrent
se jeter à ses pieds, frappant leur poitrine
et résolus de se corriger ; on rompit les faux
contrats et les traités usuraires ; on restitua
le bien mal acquis, on mit en liberté les es-
claves qu'on possédait injustement, et enfin
on se convertit sérieusement. Frappé des
merveilleux effets de la parole de François
Xavier, Michel Vaz, vicaire général des
Indes, lui proposa d'aller évangéliser les
Paravas, qui habitent entre le cap Cormorin
et l'île Manar. On ne pouvait faire à Xavier
une proposition qui fût plus selon son cœur.
Il s'embarqua aussitôt avec deux jeunes ecclésiastiques de Goa qui entendaient assez bien
la langue des Paravas. Avec leur secours, et
surtout avec celui du Ciel qui lui accorda le
don des miracles, il convertit sur-le-champ
tout un village idolâtre. Mais persuadé que

les interprètes altèrent souvent les choses qui passent par leur bouche, et que ce qu'on dit soi-même a bien plus de force, il résolut de se faire entendre sans le secours de personne. Il ramassa quelques gens du pays qui savaient le portugais, les assembla avec les deux ecclésiastiques qui savaient le malabar, et à force de travail il traduisit en langue des Paravas les paroles du signe de la croix, le symbole de la foi, les commandements de Dieu, l'oraison dominicale, la salutation angélique, le *Confiteor* et le *Salve Regina*, enfin tout le catéchisme. Dès que la traduction fut faite, il en apprit par cœur ce qu'il put, et se mit à parcourir les villages de la côte, qui étaient au nombre de trente, moitié baptisés, moitié idolâtres. « J'allais la clochette à la main, dit-il lui-même, et rassemblant tout ce que je rencontrais d'enfants et d'hommes, je leur enseignais la doctrine chrétienne · les enfants l'apprenaient aisément par cœur en un mois; et quand ils la savaient bien, je leur recommandais de l'enseigner eux-mêmes à leurs pères et à leurs mères, à leurs domestiques et à leurs voisins. Les dimanches, j'assemblais dans la chapelle les hommes et les femmes, les garçons et les filles; tous y venaient avec une joie incroyable et avec un désir ardent d'entendre la parole de Dieu. »

On ne saurait dire les fruits abondants que produisit cette mission, et quelle fut la ferveur de cette chrétienté naissante. Le Saint, écrivant aux Pères de Rome, confesse lui-même n'avoir point de paroles pour l'exprimer. Il ajoute que la multitude de ceux qui recevaient le baptême était si grande, qu'à force de baptiser continuellement il ne pouvait plus lever le bras, et que la voix lui manquait souvent en redisant tant de fois le symbole des apôtres et les commandements de Dieu, avec une petite instruction qu'il faisait toujours sur les devoirs du véritable chrétien, avant de baptiser les adultes.

A Travancor, les conversions ne furent guère moins nombreuses; dans l'espace d'un mois, Xavier y baptisa de sa main dix mille idolâtres. Comme il n'y avait pas d'église capable de contenir tous ceux qui venaient pour l'entendre, il les menait dans une vaste campagne, au nombre de cinq à six mille;

et là, montant sur un arbre pour être entendu de tout le monde, il leur prêchait les vérités éternelles; quelquefois il célébrait les divins mystères sous des voiles de navires qu'on tendait au-dessus de l'autel.

Un jour, le saint homme apprit que des barbares appelés Badages venaient attaquer Travancor. A cette nouvelle, il se prosterne à terre, et supplie le Seigneur de ne pas abandonner des chrétiens encore si faibles dans la foi. Puis il se lève, prend le crucifix d'une main, et s'élançant vers les ennemis déjà rangés en bataille, il leur crie d'une voix menaçante : « Je vous défends, au nom du Dieu vivant, de passer outre, et je vous commande de sa part de retourner sur vos pas. » Les Badages, effrayés, prennent la fuite, et le royaume de Travancor est sauvé. Le roi, ne sachant comment exprimer à Xavier sa reconnaissance, lui dit : « Je me nomme le grand roi, et désormais vous vous nommerez le grand père. »

La réputation de Xavier ne demeura pas renfermée dans Travancor; elle se répandit par toutes les Indes, et le Dieu des chrétiens y devint si vénérable que les peuples les plus idolâtres envoyaient prier le saint homme de les venir baptiser. Plus d'une fois la persécution décima les nouveaux convertis, et l'on pouvait craindre que l'Église de Jésus-Christ ne cessât d'enfanter dans ces contrées. Grâce au zèle dont Xavier sut partout échauffer les âmes, les conversions continuèrent de se multiplier, et partout l'on aima mieux verser son sang que de renoncer à sa foi. Encouragé par ces premières conquêtes, Xavier résolut de porter la lumière de l'Évangile d'île en île et de royaume en royaume, jusqu'aux dernières extrémités de l'Orient. Il fit d'abord un pèlerinage à Méliapor (San-Thomé), où saint Thomas souffrit autrefois le martyre. Quoiqu'il n'y fût venu que pour s'y enfermer dans la solitude et y écouter en silence les ordres du Ciel sur la route qu'il devait tenir, il ne laissa pas de gagner des âmes à Jésus-Christ par la force de ses discours et de ses exemples. En quittant Méliapor, il prit la direction de Malaca, dans le dessein de pousser jusqu'à Célèbes, île située sous la ligne équinoxiale entre les Moluques et

Bornéo. Il évangélisa successivement Malaca, Amboine, les îles Moluques et principalement Ternate, où de tant d'hommes livrés à la débauche qu'il avait trouvés en arrivant, il n'en restait que deux à son départ. On voulait le détourner d'aller dans l'île du More, dont les féroces habitants immolaient des vieillards pour se nourrir de leur chair dans leurs festins. Il y alla néanmoins, il y chanta tout haut la doctrine chrétienne, il l'expliqua à ces âmes farouches d'une manière proportionnée à leur barbarie, et sa parole produisit des fruits abondants. On se figure aisément tout ce qu'il avait à souffrir dans ces voyages continuels à travers les pays les plus stériles et les plus sauvages. Mais les consolations qu'il recevait d'en haut lui faisaient oublier la faim, la soif et la nudité. « Les périls auxquels on s'expose ici, écrivait-il, et les travaux qu'on entreprend pour les intérêts de Dieu seul, sont des sources inépuisables de joies spirituelles. Pour moi, je ne me souviens pas d'avoir jamais goûté tant de délices intérieures ; et ces consolations de l'âme sont si pures, si exquises et si continuelles, qu'elles ôtent le sentiment des peines du corps. » Lorsque Xavier eut établi la foi dans ces îles, il revint chez ses chers Paravas, qui étaient ses premiers enfants en Jésus-Christ. De là il passa dans l'île de Ceylan, y convertit le roi de Candé et le tyran même qui avait persécuté peu de temps auparavant les chrétiens ; puis il retourna à Goa.

Ici se place un trait bien capable de nous faire comprendre quel immense désir sollicitait sans cesse saint François Xavier à ramener à Dieu les âmes égarées. Don Jean de Castro ayant fait équiper une flotte dans le dessein de prendre possession d'Aden, l'une des plus fortes villes de l'Arabie Heureuse, Xavier s'embarqua avec les guerriers. Parmi ces derniers se trouvait un homme plein de bravoure, mais encore plus connu par ses crimes que par ses exploits militaires. Il y avait dix-huit ans qu'il ne s'était confessé, et s'il se présenta une fois au vicaire de Goa, ce fut moins pour se réconcilier avec Dieu que pour n'être pas cru un mahométan et un idolâtre. C'est sur ce malheureux que

Xavier avait jeté les yeux, et il n'attendait
que le moment favorable pour travailler à
une conversion si difficile. Une fois en mer,
il s'approcha de lui et commença à se fami-
liariser avec lui de telle sorte, que les autres
soldats ne pouvaient assez s'en étonner; et
quelques-uns disaient de Xavier à peu près
ce que les pharisiens disaient de notre Seigneur : « Si cet homme était prophète, il
saurait quel est le soldat dont la compagnie
lui plaît tant. » Ces discours, continue le bio-
graphe à qui nous empruntons ces détails, ne
refroidissaient point le Père. Il voyait jouer
les nuits entières son soldat, qui était un
grand joueur; il dissimulait ses emporte-
ments, et l'entendait quelquefois jurer sans
faire semblant de rien. Il lui dit seulement
un jour que le jeu demandait un esprit rassis,
et que, s'il n'y prenait garde, la passion avec
laquelle il jouait le ferait perdre.

Quelque brutal que fût le soldat, il s'affec-
tionna insensiblement à un homme si com-
mode, et prit plaisir à l'entendre parler non-
seulement de la guerre et de la marine, mais
de la religion et de la morale. Enfin il fit

quelques réflexions sur l'horreur de sa vie, et sentit même quelques remords de conscience. Étant un jour tous deux seuls en un coin du navire, Xavier lui demanda à qui il s'était confessé avant son départ. « Ah ! mon Père, dit le soldat, il y a bien des années que je ne me suis confessé ! — Eh ! comment ! reprit le Père, à quoi pensez-vous? Plus vous êtes brave, plus vous êtes exposé tous les jours ; et quel serait votre sort si vous veniez à être tué dans l'état où vous êtes présentement? — Je voulus une fois me confesser, reprit le soldat, au moins pour sauver les apparences ; mais le vicaire de Goa ne voulut pas seulement m'entendre, et me déclara que j'étais un réprouvé qui ne méritait que l'enfer. — Le procédé du vicaire me paraît un peu rigoureux, répliqua Xavier; il a eu néanmoins ses raisons pour vous traiter de la sorte, et j'ai les miennes pour en user autrement. Car, enfin, les miséricordes du Seigneur sont infinies, et Dieu veut que nous ayons pour nos frères autant d'indulgence qu'il en a pour nous. Ainsi, quand les péchés dont vous vous sentez coupable seraient mille fois plus nombreux et plus énormes qu'ils ne le sont, j'aurai la patience de vous écouter, et je ne ferai pas difficulté de vous absoudre, pourvu que vous preniez les sentiments que je tâcherai de vous inspirer. »

Par ces paroles il porta le soldat à se confesser, et à faire une confession générale. Il l'y disposa lui-même en le faisant repasser sur toute sa vie, et descendant dans le détail de tous les péchés qu'un homme de son caractère et de sa profession avait pu commettre. Ils en étaient là, lorsqu'on jeta l'ancre au port de Coulan. Ils mettent pied à terre et s'en vont tous deux dans un lieu écarté. Là, le soldat se confessa les larmes aux yeux, et résolut d'expier ses crimes par la pénitence que son confesseur lui imposerait, quelque rigoureuse qu'elle pût être. Le Père ne lui ayant donné qu'un *Pater* et un *Ave* à dire : « D'où vient, mon Père, s'écria le pénitent, qu'étant, comme je suis, un si grand pécheur, vous me donnez une si légère pénitence ? — Tenez-vous en repos, mon fils, répondit Xavier, nous apaiserons la justice divine ; » et au même instant il s'enfonce dans le bois, tandis que le soldat accomplissait sa pénitence. Il fit alors ce qu'il avait fait en une occasion pareille : il découvrit ses épaules, et se donna la discipline si rudement, que le soldat accourut au bruit des coups. Voyant le Père tout en sang, et jugeant bien quel était le motif d'une si étrange action, il lui arrache la discipline des mains, en s'écriant que c'était au criminel, et non pas à l'innocent, à porter la peine du péché; il se dépouille aussitôt, et châtie son corps de toute sa force. Xavier l'embrassa plusieurs fois, et lui déclara qu'il ne s'était embarqué que pour l'amour de lui. Ensuite, lui ayant donné des conseils salutaires pour l'affermir dans la grâce, il le quitta, et s'en retourna à Goa par le premier navire qui sortit du port où ils s'étaient arrêtés. Pour le soldat, il suivit la flotte; et dès que l'expédition d'Aden fut finie, il se fit religieux dans un ordre austère, où il vécut et mourut très-saintement.

Xavier avait trouvé au collége de Saint-Paul le Japonais Auger, nouveau converti qui menait une vie exemplaire et qui soupirait après le baptême, qu'on lui avait différé jus-

qu'au retour du saint homme, et qu'il reçut
en effet avec le nom de Paul de Sainte-Foi.
Dans les conversations que Xavier eut avec
lui, il apprit que le Japon était très-peuplé,
que les habitants en étaient dociles et très-
capables de comprendre la morale du christianisme si on la leur exposait. Il n'en fallut
pas davantage à Xavier pour concevoir le
dessein de porter la foi au Japon. On s'efforça
inutilement de lui faire abandonner ce projet
en lui représentant que le Japon était éloi-
gné de treize cents lieues, que la mer était
infestée de pirates, remplie d'écueils, et
qu'il y régnait, dans une immense étendue,
des vents terribles appelés typhons. « En
vérité, répondit-il, je m'étonne que vous
vouliez m'empêcher d'aller pour le bien des
âmes où vous allez pour un petit gain tem-
porel; et je vous avoue que j'ai honte de
votre peu de foi, mais j'ai honte aussi d'avoir
été prévenu, et je ne puis souffrir que les
marchands aient eu plus de courage que les
missionnaires. » Le 13 août 1549, il abordait
sur les côtes du Japon aux environs de Cangoxima, patrie de Paul de Sainte-Foi. Pres-

que tous les Japonais étaient idolâtres. Les uns adoraient les astres, d'autres adoraient d'anciens rois nommés *Gamis*, ou bien encore se prosternaient devant les bêtes, ou devant le démon qu'ils représentaient sous des figures horribles. Quelques-uns qui se glorifiaient de leur sagesse croyaient que les âmes, au sortir des corps, vont animer d'autres corps. Xavier crut devoir user de prudence. Il s'entretint avec les bonzes, qui sont les docteurs de ce pays, et s'assura de leur bon vouloir avant de prêcher. Mais quand ceux-ci virent l'effet que produisait l'Évangile, leur bienveillance se changea en violente haine, et Xavier fut obligé de quitter Cangoxima, en y laissant une centaine de chrétiens déterminés à subir tous les supplices plutôt que d'apostasier. Il se rendit à Firando, où en moins de vingt jours il baptisa plus d'infidèles qu'il n'avait fait en une année à Cangoxima. Il voulait aller à Méaco, capitale du Japon, comme au cœur même de l'idolâtrie; mais étant arrivé à Amanguchi, capitale du royaume de Naugato et l'une des plus riches villes du Japon, il fut si touché de la corruption qui y régnait, qu'il ne put se résoudre à passer sans annoncer Jésus-Christ. Il y resta un mois ; mais il ne recueillit d'autres fruits de ses travaux que des outrages et des humiliations.

Après une marche pénible à travers des forêts affreuses, des montagnes escarpées, des torrents impétueux, au milieu des neiges et des glaces, il arriva à Méaco au mois de février 1551. L'effet de ses prédications dans cette ville ne répondit pas à son attente ; il fut contraint de l'abandonner après avoir frayé le chemin à ses frères, qui devaient, les années suivantes, y établir le christianisme. Il revint donc à Amanguchi, et cette fois ce fut pour y voir les conversions se faire par milliers. Aussi s'écriait-il avec enthousiasme dans une de ses lettres : « Je n'ai en toute ma vie goûté tant de consolations qu'à Amanguchi. Ah ! plût à Dieu que, comme je me ressouviens de ces consolations que j'ai reçues de la miséricorde divine au milieu de mes travaux, je pusse non-seulement en faire le récit, mais en donner l'expérience, et les faire un peu sentir à nos académies de l'Europe ! Je suis assuré que plusieurs des jeunes gens qui y étudient, viendraient employer à la conversion d'un peuple idolâtre ce qu'ils ont d'esprit et de forces, s'ils avaient une fois goûté les douceurs célestes qui accompagnent nos fatigues. » Il demeura au Japon deux ans et quatre mois. Il en partit au mois de novembre 1551.

A peine sorti du Japon, Xavier résolut de passer en Chine. Après mille efforts inutiles pour obtenir qu'on l'y transportât directement, il s'embarqua sur *la Sainte-Croix*, que le gouverneur de Malaca envoyait à Sancian. Il espérait, de cette île qui est voisine de Canton, pénétrer sur la terre ferme ; il voyait de nouveau s'ouvrir devant lui une vaste carrière qu'il se promettait de parcourir l'Évangile à la main, comme l'Inde et le Japon. Mais la Sagesse éternelle, qui inspire quelquefois de grands desseins à ses serviteurs, ne veut pas toujours qu'ils les exécutent, quoiqu'elle veuille qu'ils n'épargnent rien pour l'exécution. Dieu traita Xavier comme il avait traité autrefois Moïse, qui mourut à la vue de la terre où il avait ordre de conduire les Israélites. Dès que Xavier se sentit saisi de la fièvre, intérieurement averti que sa fin approchait, il oublia toutes les choses de la terre pour ne plus penser qu'à la céleste patrie. Il s'était retiré dans le vaisseau, qui servait de commun hôpital aux malades. Mais l'agitation lui causant de grands maux de tête, on le transporta sur le rivage. Il y resta quelque temps exposé aux injures de l'air, et il y serait mort sans aucun secours, si un Portugais, plus charitable que les autres, ne l'eût fait porter dans sa cabane. C'est là que le 2 décembre 1552, à l'âge de quarante-six ans, il rendit doucement l'esprit, en regardant avec amour son crucifix, et en répétant avec joie ces belles paroles du psalmiste: *In te, Domine, speravi; non confundar in æternum.*

Pour toute réflexion, nous dirons, en finissant, avec l'auteur du *Génie du Christianisme:* « Qu'un homme, à la vue de tout un peuple, sous les yeux de ses parents et de ses amis, s'expose à la mort pour sa patrie, il échange quelques jours de vie pour des siècles de gloire ; il illustre sa famille, et l'élève aux

richesses et aux honneurs. Mais le missionnaire dont la vie se consume au fond des
bois, qui meurt d'une mort affreuse, sans
spectateurs, sans applaudissements, sans
avantages pour les siens, obscur, méprisé,
traité de fou, d'absurde, de fanatique, et tout
cela pour donner un bonheur éternel à un
sauvage inconnu... de quel nom faut-il appe-
ler cette mort, ce sacrifice (1)? »

—◇—

PRIÈRE.

Grand Saint, qui avez brûlé, sur la terre,
d'un si grand zèle pour le salut des âmes,
continuez de veiller sur nous du haut du
ciel. Intercédez auprès de Dieu et demandez-
lui de faire naître encore des pasteurs qui
vous ressemblent, et qui aillent porter par
toute la terre la divine lumière de l'Évangile.

(1) Châteaubriand, *Génie du Christianisme*, IVe partie,
livre 4.

Apôtre des Indes et du Japon , rappelez-vous que c'est sous votre patronage que se trouve placée notre sainte société de la Propagation de la foi... Saint François Xavier, priez pour nous qui avons recours à vous.

FIN.

TOURS. — IMP. MAME.